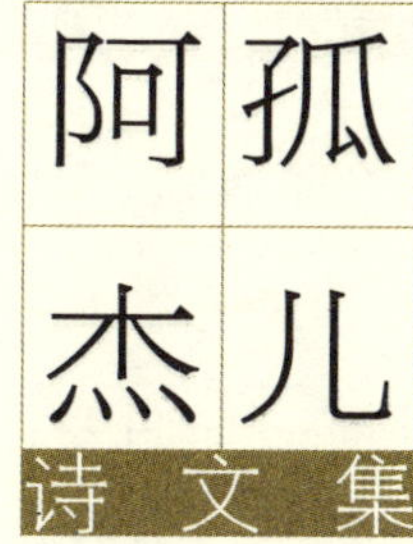

谢科佳／著

吉林出版集团股份有限公司／全国百佳图书出版单位

目录

第一篇　诗 / 4

第二篇　文 / 36

第三篇　语 / 102

第一篇

Chapter 1

诗

那时也出游

路过了一村

路过了一树

之后一切都展开了

莎士比亚和福楼拜是在那里

翻开了

就不再回来

归去来

雁南飞
飞去
待春归

年年南飞
年年春归

雁
却不用
还是那只雁了

以　后

以后的以后
翻开一个小本子
里面一些页数
有你　有他

有足球
有院子
我们都还坐在游戏室的沙发上

有书
有咖啡
门口也还是那个天使像

有常去的餐馆
有常听的歌
远远地　就能认出彼此的车

有笑话　你笑了　他也笑了
有故事　你听了　又说给他听
难过了　就抱一下　眼泪帮你擦擦

本子里写着
以后的以后
那里　依旧
有你有他

以后的以后
依旧
有你有他

闭　月

花开一朵
静也妖娆
偏偏渭水风起
静罢了

千里草　把天恼
谁说女子不需忠孝
司徒女入朝

手无缚鸡力
凤仪亭里把温侯闹

梅屋深深
难锁娇

事淡去
却难还静

明月顾
问何
眉眼轻垂

怎使得
风停云不散
英雄去了
何相伴

月儿无言
遮面

后记：参加活动，主题有关中国古典四大美女的貂蝉。一直对三国有兴趣，貂蝉的形象也只有在三国里才显得丰满。

所以提前一夜津津有味地写了这首小诗，把玩起来很是喜欢。分享的时候被要求一句一句地解释，现在放在书里就不解释了，都是些小典故，有兴趣的网络上搜搜，书里面翻翻，更有趣了。

写给秋天

去年你的离开
已经想不起　是什么样子了
曾经那么亲近
我说　我喜欢你
还留着许多合影

如今
又闻到了你的味道
拿来那件　为了你购买的夹克
这样　你就会认出我来

是时候了
给我一个拥抱

金 箭

人们祈祷爱情
丘比特便把那只金箭交到了世人手中

可世人的自私滥用
辜负了这浪漫的誓言
当丘比特再次回来
准备收回这只金箭
他与世人　却都找不到了

你好，爱，再见

爱不在命运
也不在时间

爱就是那么一个地方
有一天　你来了
我刚好在那里

后来　如果你走了
如果我走了

你来时没想过会遇到我
我想　我等的　也不是你

哭过两次

我哭过两次
一次你来　一次你走
来时想的友谊常在
走时没想到　你不再回来

我哭过两次
一次牵手　一次放手
牵手时　不知道　终究还是要分开
放手时　却想忘了　曾经执着的牵过

我哭过两次
一次我来　一次我走
我来时　不知道自己也将离去
走时　我不知道
来世还会回来

听说　有一座桥　桥上有一碗汤
喝过之后　就会全都忘了
忘了　就不哭了
所以我　不怕了

翅膀

天使在光里玩耍
忽然发现来了两个人
他们相爱着

天使便把翅膀
一只给了你
另一只给了我
之后他们就是
普通的孩子了

写给冬天

你很酷
气质非凡
来的时候挡不住
走的时候也劝不了

可每次遇到你
我都把衣领拉得紧一点
即使躲不开你
也要把自己藏在一个
不易被你发现的角落

是的
你有你的好
可我不爱你
你来　我无语
你走　我开心

剥　心

我爱我的爱
我把它抛给你
你做出接住的样子
后来
走开了
它就掉进深井

我爱我的爱
去那深井里把它找回来
慢慢地把爱上的淤泥剥掉

我爱我的爱
已经剥伤了的爱

如果遇到
那个他
会愿意像我对爱一样
剥掉我身上的淤
我就把这爱
送给他

种爱

我种下了一朵花　她开了一百万次
我知道她会开

不知道
第一次　她开出的是悸动
我知道了悸动

不知道
第二次　她开出了牵手
我知道了牵手

不知道
第三次　她开出了一个吻
我知道　下一次开出的　一定是爱了

我把开出的爱夹在书本里
放在枕下
放在茶杯中　放在清晨的第一次呼吸里
把它放在自己的微笑里

就这样又开放一百万次
每一次
我都收集

同　在

上帝不曾考验我
因我来自上帝
他知我的能
凡我觉得考验的
是我不足的勇气

上帝不曾伤害我
因我来自上帝
他知我的忍耐
凡我觉得伤害的
是我不足的信心

上帝不曾遗弃我
因我来自上帝
他知我的归宿
凡我觉得孤独的
是我不足的爱

是胆怯　怀疑了上帝的存在
是懦弱　让世人总被伤害
是冷漠　诅咒这世界的无奈

悲哀
为辜负了上帝的慈怀
勇气　忍耐与爱
天父
与你我同在

后记：很少写宗教题材的东西，毕竟在哲学、艺术和宗教中，宗教最不应该被“解释”，只要写，就难免会有“解释”。他们带给人们的感动是实在直观的，还需要每个人自己去体会。这次记录在这里，尽量下不为例。

远　方

我去远方
在夜里
无人陪伴
那是我的远方

叫作月亮的星球
在他初升的时候　我就离开
我的影子在我身后
世界的影子出现在我眼前

我听见了什么
夜莺
风来了
好吧　这风凉话

那些叫作星星的家伙
忽闪着眼睛
盯着我的脊梁
是要把我灼伤吗
远方
到那里的路不是要靠两条腿行走的吗
我低头看着他们
交替地移动

夜莺叫我
妖精的声音
我不回头
风向后拉扯

星星的灼伤
想让我停下
让我在这里涂抹伤口
抱着自己哭泣吗

可我　还有比哭泣重要的事

那妖精的声音
拉扯的风　灼伤的脊梁
他们属于这夜
却不是我要的远方

前行
我有孤独
我最忠实的朋友

向着远方
我有双腿
我最殷勤的仆人

在夜退去的边际
清晨给我披上
淡淡霞光

后记：再读《查拉图斯特拉》，如是说，对思想征程上的斗士们感到钦佩又感动。应和着写下一首诗，此致敬礼。

盒　子

有一位卖弄把戏的过客
他有许多奇妙的盒子
你可以打开
至于里面的东西
你喜欢吗
喜欢可以拿去
告诉你
下一个盒子里面的
完全不同
要不要继续打开看
如果打开
要连续打开几个呢
每一个　都不同
留下的那些
他要带走的

忘了

本来是悲伤　是脾气
是不愉快　我知道的

因为我有去悲伤　去发脾气
去不愉快的能力　我知道的

后来
这个能力我不用了
我以为
这是因为长大了
慢慢地　就忘了　不会了

可现在
有一种感觉
我说不清了
我不知道了

写给春天

我以为只是他变得温柔了
我以为你把我忘了

还好
你还是你
带着礼物兴冲冲来敲我的门

我请你进来
看到在你身后礼物撒了一地
撒在门厅回院
也撒在山野村洼

我、我

昨天的我
问今天的我
你为什么没有？

我告诉他
你不知道
今天发生了什么

他告诉我
我忘记了
昨天发生了什么

写于2015年中秋节

不为聚散

我问月亮
看过多少聚散

他说不为聚散
凡是有情
终是聚合耐不过离散

只为情起时
良缘千里
也可共婵娟

村　子

遇到一个小村子
一个小村子
阳光那么好　树是绿的
里面外面不一样
不舍得进去　进去了又不舍得出来
村民们在身边走过
在房前坐着
拿着烟袋
看着天　也看着鞋
还有憨憨的牛
有懒懒的狗
一定还有小溪吧
是不是藏在了后面
孩子在那里看到青蛙
青蛙跳
孩子也跳
不想去扰了
就看着脚下的路

这里的阳光落下得实在
人也实在
这里的烟是炊烟
锅里的饭菜香
小子多吃两碗
爷爷笑
奶奶念叨念叨

在送花之前，我已把自己送给了你

我什么都没有
泪是泪花是花我是我
我什么都没有
我要给你　基至不会表达到
只能靠泪　靠花
靠这些不是我　不是我的东西
说不清
是我有心把花送给你
还是花有心
通过我把它自己送给你

不如花
当如花

第二篇

Chapter II

文

绚季只在花开花落之间

人生只在一呼一吸之间

感悟只在念寂念起之间

情爱

就是念寂念起之间的一呼一吸

花开花落

孤儿阿杰

阿杰不是孤儿，但他叫自己孤儿阿杰。因为没人说话给他听，也没人听他说话。

阿杰从小留在姑妈家。

姑妈没有小孩，姑妈打理自己的面包房。

姑妈从来不叫阿杰的名字，只是随口说："把面粉拿来。"

阿杰就会跟自己说："孤儿阿杰，姑妈叫你把面粉拿过去。"

镇子上的人也不叫阿杰的名字。

阿杰常常觉得这些人很没趣，每天都是一样的人，在一样的路上走过去。

空闲的时候阿杰会在镇口的草坡上坐着，看看会不会有什么没见过的人路过这里，会不会有什么人跟他说话。

到了晚上，阿杰回到姑妈家，面包房后街的木屋，躺在床上阿杰会说："孤儿阿杰，该睡觉了。"

就是在这个草坡上遇到了流浪汉。

流浪汉说自己是个诗人，他还带着一条叫阿丹的狗。

流浪汉问了阿杰的名字，阿杰开心。

他在草坡上跟流浪汉谈了很久，他问流浪汉："走出这里，云彩是什么颜色的？"流浪汉说："白色的。"

"那走得再远一点呢？"

"还是白色的。"

阿杰还问流浪汉："面包房，其他镇子上有面包房吗？"

流浪汉告诉他："有的。"

阿杰："再远一点的镇子上呢？"

流浪汉："还是有的。"

流浪汉拒绝了跟阿杰去镇子里。

阿杰也没办法邀请流浪汉，因为他并没有地方安顿他。

流浪汉答应阿杰，每天都会来草坡上找他。

阿杰回到面包房后的木屋，躺在床上，今天我不是孤儿。

“阿杰，该睡觉了，晚安。”

阿杰勤快了，麻利地打理好面包房的活。姑妈没有夸奖阿杰。阿杰也不在乎，他只是急急忙忙地跑出镇子，来到草坡上。

流浪汉出现了，那个自称诗人的流浪汉，带着自己的狗。

阿杰好开心，他欢乐的在草坡上跳。

流浪汉跟阿杰描述着印象中的所见所闻，阿杰说着自己的梦，流浪汉说着远方。

第一天。“阿杰，该去草坡了。”“阿杰，流浪汉就快来了。”“今天我不是孤儿。阿杰，晚安。”

第二天。“阿杰，该去草坡了。”“阿杰，流浪汉就快来了。”“今天我不是孤儿。阿杰，晚安。”

第三天。“阿杰，该去草坡了。”“阿杰，流浪汉就快来了。”“今天我不是孤儿。阿杰，晚安。”

第四天，流浪汉告诉阿杰，他要离开这里了。阿杰抱住流浪汉，一直大哭。

流浪汉把狗留给了阿杰，还留给了阿杰一个盒子。

一个很精致，精致得与流浪汉和阿杰都不相配的盒子。

阿杰小心翼翼地把盒子打开，里面有一颗糖果。

流浪汉告诉阿杰：“这颗糖果，可以让你学会任何一种语言，但你会忘记你现在的语言。或许会让你遇到你真正的朋友吧。”

阿杰拿着盒子，站在草坡上呆呆地看着流浪汉走远，眼中的泪不停流下。

回到面包房后的木屋，

“孤儿阿杰，该睡觉了”。

阿丹卧在阿杰的床边。

阿杰还是会来草坡，

带着狗。

他看着狗说：“阿杰，流浪汉会回来吗。”

“阿杰，远方的云彩是白色的。”

“阿杰，那边的镇子里也有面包房。”

他把自己从流浪汉那里听到的故事一遍一遍地说给自己听。

阿丹趴在那里，不理阿杰。

阿杰累了，他不知道自己要去哪里。

他从怀里拿出那个精致的盒子，小心翼翼地打开，拿出里面的糖果。

阿丹懒懒地靠在阿杰的腿边，不理他。

阿杰累了，盒子和糖果丢在了一边。

“阿杰不想要朋友，阿杰想去找流浪汉，想去流浪汉说过的地方。”

孤儿阿杰累了，在草坡上睡着了……

不知道过了多久，

恍恍惚惚中，阿杰听到身边有个声音：

“孤儿阿丹，该睡觉了。”

后记

有人叫你，却没有人叫你的灵魂，你的思想。孤独吗？忽然从哲学中、艺术中、文学中似乎找到了自己的归宿和共鸣。艺术家、诗人、哲人把这些东西带来，他们走后我们就呆头呆脑地一遍又一遍地看着，想着他们的话，他们的诗。达·芬奇走了，尼采走了，列夫·托尔斯泰走了。我们还是在猜蒙娜丽莎，想着超人哲学，重复读着《复活》。这些哲理、艺术又何尝不是“孤儿”？谁又叫得出他们的灵魂呢？

艺术是不属于艺术家的，哲理也不属于哲学家，艺术家哲学家在某一瞬间被属于了艺术、哲学。
可他们最终留下的也只是“阿丹”而已，
我们连“阿丹”也不懂。

艺术都是孤独的，
没有不孤独的哲理，
思考都是孤独的。

情人节

西方的情人节，二月十四号。Valentine's Day。

瓦伦丁，三世纪古罗马的一位牧师。他有神力，可以治疗失明的眼睛。

那时罗马君主要扩充自己的军队，认为未婚的男子更具备战斗力，所以不许年轻人婚恋。瓦伦丁作为牧师，坚持为青年男女征婚，违背了君主的意愿。公元 269 年 2 月 14 日，被处死。

被他治愈了眼睛的情人在眼睛刚可以看到色彩的时候，第一个举动就是冲去了刑场。

她第一次见到自己的情人，就是她情人被砍下的头颅，和溅了一地的殷红。

二月十四号马上到来了，单身的自我反讽，朋友圈发笑话，有伴侣的，你侬我侬。

无论怎样，这是个节日，开心的节日。

“每个节日的后面，都有一个悲伤的故事，一个国家节日多，在历史上一定多劫难。”我没仔细去想过是不是这样，但是有机会把这样一个故事或者传说告诉给大家，不是要来煞风景，而是我想说，爱情的权利和爱一样都是需要捍卫的。捍卫自己的感情，自己的浪漫，也要捍卫别人的感情。

祝天下有情人终成眷属。这个世界上糟糕的事情很多，悲伤也很多，珍惜这最唯美可贵的馈赠吧。

后记

牛郎和织女，梁山伯与祝英台，罗密欧与朱丽叶，泰坦尼克号……这些轰轰烈烈流传千古的都是倒霉的，别嫌弃自己男朋友女朋友不够浪漫，不够折腾。不作（zuō）才是真爱，才能长久。爱不爱你不在于作秀，一个拥抱，你就懂了。

感谢圣·瓦伦丁，感谢所有为爱坚持，捍卫，付出的人们。祝幸福。

许　愿

如果上帝让我许愿，可以改变自己的一些事情，一定会实现的愿望。那会许些什么愿呢？

更高的个子？宽大的手掌？性感壮硕的身材？富有？爱情？家庭和睦？父母安康？

还没想完上帝说：“都可以给你，但你要拿你已有的优点和快乐来换，一比一地换就可以。”

我思索了一下，竟然拿出哪一件都舍不得。

或许这就是我容易觉得幸福快乐的原因吧。我对现在自己已有的东西，自己已有的快乐是那么的满足，满足得不愿拿出任何一件去跟上帝交换什么。

在很久以前，在我将要来到这个世界的时候，上帝问过我同样的问题吧。那时候，我把我认为最重要的，都选好了。

不止一次？

世界很大，对于情感来说，能使你感动的事情绝对不止一件两件，能使你快乐的也绝不止一件两件。

形形色色的人，遇到了，接触了，交流了，情绪就来了；而且这种遇到、接触、交流都是可以单方面的。

他还不知道，你已经感动得跟什么似的。单相思，看到一个陌生人觉得很有感觉。

再比如听到一首歌，你很感动，但是这首歌并不知道。

其实你也不会只爱听一首歌。

有人说爱你，喜欢你。或是你觉得自己爱上一个人，这很可能是真的。因为这不是一件偶然、稀有、少见的事情。

喜欢和爱是人的基本功能，他不会只发作一次。任何基本功能只发作一次都不可能，也不健康。

一辈子只哭一次？只笑一次？

就像你无法控制自己的肝脏分泌多少酶，无法控制自己的氨基酸、荷尔蒙。

两个人因为喜欢走到了一起，能否继续走下去？爱固然必不可少，更重要的是他能愿意为了你舍弃多少，你又愿意为了他放弃多少。

小王子说："那一朵是我的玫瑰呀。"

他跟你讲
他只爱你一个人
永远只爱你一个人
他跟你讲
他只对你好
永远只对你好
他跟你讲
他只牵你的手
永远只牵你的手

他跟你讲
……
什么都敢讲
他没有说谎
他只是说了大话

他不知道
他不知道　未来有多远
他不知道　还有哪些人　哪些事
他不知道还有
那么多的
秋冬春夏

可是这爱呀

你该有的爱
爱不是只有你
而是　要他放弃一切
他仍会紧紧搂住怀中的你

那个人
爱那个人
那个愿意为你　放弃其他的人

学会不说实话

我美吗
你爱我吗
生日你会送给我礼物吗

不假思索地说美
充满爱意的温情
已悄悄准备好的礼物却装作忘记生日的日子

我不喜欢你头发的颜色，睫毛也有点重了，香水的味道怪怪的，走路的时候显得好矬，表情一看就很弱智。

不爱，你问我之前我都没想过这个问题，现在你问了我想逃走了。

买了，早买好了。刚好上个星期打折，我买了好几件，赶上谁过生日就当礼物送了。

说实话是道德，还是客气礼貌是道德？

实话，这本就是一个中性词。它的褒义只能生存于科研领域。

有时我甚至怀疑，如果没有谎话，没有编造，这个世界都无法正常运转下去吧。

小美人鱼，是不是孩子们听话了，就会重新活过来。

圣诞老人，是不是爬进烟囱的。

做保险经纪

做贷款顾问

做理财经理

推掉朋友的邀约

关掉和某人的对话框时那句“睡了，晚安”。

在忙

不饿

不痛

痛

很快到家

买杯咖啡而已

习惯删聊天记录

……

你一定能想出比我列举出的还多

只要你在工作，上班，读书，交朋友，面对父母，哪怕是在面对自己。

你有没有可能，真的没说过谎？

无法面对自己的谎言才是最可悲的自欺欺人吧。

说谎，做个说谎而有礼貌的正常人。

理想——容我想想

刘成在发呆，这种改变人生、开启财富自由之路一类的演讲课程，他一个月已经听了四场，公司要求一定要来。自从大学毕业后不知道这世界里怎么突然出现了这么多的革新性产品，推动世界的发明，改变人生的理财计划和那么多成功者的案例。

台上的那位演讲者，一上来就先帮你分析一下你的生活现状：对于生活的无力感，工作的不满，时间的虚度，财务的不自由。之后刷的一下拿出一大堆数据给你看——告诉你，你要“废”了，但是，听到这次演讲，那你运气太好了，这下子你废不了了，你要出人头地了！之后就是成功人士的案例，并伴随着成功人士们过着游艇、美女、豪华别墅以及从普吉岛潜水到阿拉伯之帆的成功日子。

如何做到这一点呢？几段外国专家的视频，一大堆元素符号，之后就是一些瓶瓶罐罐隆重登场，你的救世主来了，这就是你的救世主！是你未来的救世主！是整个人类的救世主！

咋样？你有目标了吧！有理想了吧！理想！理想！理想！！！

那位演讲者带着台下的芸芸众生高呼着理想，有些听众早已声泪俱下，情绪亢奋。演讲者马上又告诉大家，这次有福了，捡到便宜了，因为刚好赶上在做活动，刚好赶上新产品推出，刚好赶上……

刘成在这一片叫嚷中，呆坐在那里。他的思绪不在这里，因为他又听到了那个熟悉又陌生的词儿——

理想，在听到这些改变人生、开启财富自由之路的课程之前，我应该也听到过这个词的吧。回想，那时是什么时候？它长得什么样子？

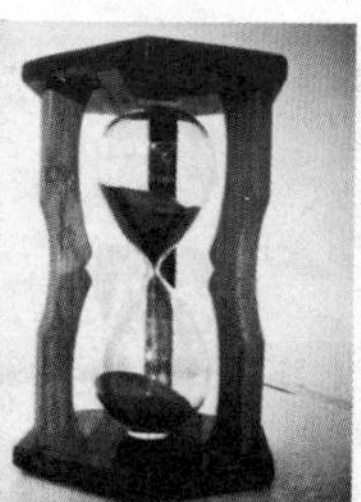

很久以前的记忆碎片里，那时的刘成还很小。爷爷问他，长大后想做什么？刘成很配合地说“科学家”，他知道这是一个正确答案。

第二个碎片，是妈妈问的，同样的问题。刘成说是大老板。

第三个碎片，是在学校，老师让同学们写日记，写完老师要检查的。刘成在其中的一篇故意写上，要做老师。

这些碎片拼在一起，就是他小时候谈理想的一幅图样了。迎合着发问者的口味，刘成就只管给出一个又一个正确答案。

上了初中，好像就很少再谈到理想了。他们告诉刘成，你要做的事情就是努力读书，你的小学课业比其他人的小学落后了，一定要抓紧学习了。只有拼搏拼命，才能上个好高中。上了好高中，那好大学就没问题了，好大学是终极目的。达到这个目的只有一条路，那就是好高中。只有一个方法，就是在初中努力学习。理想？好大学就是理想。

高中时候，理想这个词更是再也没提过，理想对高中太陌生了。刘成喜欢上一个女生，其实不止一个。喜欢打游戏，喜欢去游泳，打球。可是他们告诉刘成，这些是违背了理想的，违背了考大学的。据说无论多好的大学，课业都很轻松，只要考上，那就是去玩了。人生的拼搏全在高中了，以后的路是天堂，还是地狱，就看你在高中怎么努力了。要玩以后有的是时间玩，现在就是读书！读书！考个好大学。

大学毕业那一年刘成递出了七十多份简历，在面试的时候，面试官问刘成，你如果被公司聘用，你对你的工作岗位有什么看法，对公司有什么看法，对你的工资福利有什么要求。你有没有什么个人理想，如果这理想跟工作有矛盾，会如何处理。刘成回答："公司的公司文化深深打动了我，公司对未来的理想就是我的理想，我的工作就是我的理想。"

是的，标准答案。他生活在一个理想被“标准化”的时代里。在这个时代里，你的理想会被塞进去钱，塞进去面子，塞进去好强，塞进去没有人管得了你所谓的自由。理想重了，累了，疲惫不堪掉队了，有点跟不上了。

刘成的老板走上台，作为成功案例者之一发表讲话：“产品的信念！产品的理想！就是我的人生信念！人生理想！这也是我自己创办公司的信念！的理想！我很感动，通过我的作为，通过公司的文化，我的员工们也为之深深感动，也愿为了自己的理想开启自己的人生之路，财富自由之路，而且，今天我的员工也自愿来到这里，来与我一起享受，一起聆听这思想的盛宴。希望大家给个机会，欢迎我这位员工，这位既期待，也即将加入我们的这位新朋友刘成！上台来跟我们分享一下他听课之后的感受！欢迎。”

刘成走上讲台，淹没在掌声之中。

你好，你转世了吗

如果说真的有转世，有前世后世。那是什么转世了呢？因为肉体是腐烂掉的，那转世的应该不是肉体了。如果说是记忆或者灵魂可以转世的话，那是普遍现象，还是偶然现象？

在人类出现之前，这世界上有我们的“灵魂”“精神”“记忆”吗？

如果有，它们的存在有何意义？肉体的出现有何意义？

如果没有，那他就是跟肉体同生的，那肉体、大脑就是所谓灵魂、精神和记忆的载体，有了肉体，他们才会存在，肉体灭亡它们也将一同灭亡呀。

如果灵魂不与肉体一同灭亡。那在肉体死亡，灵魂要去转世到下一具肉体上这个过程中间的时间空隙中，灵魂、精神、记忆的载体是什么？他们如何才能存留？

就算真有转世，那将会是一种更实际的更换皮囊的过程，绝不是像有些报道中所说的，某个新生儿知道自己前世的名字，知道前世的家庭住址这么简单轻薄。他们会是一“出生”就有历经百年（很可能不是一个百年）的阅历和对生命生活的感悟。

有些报道中出现过假死症状的事例，我们也知道有些人有过大难不死的体验。“回来后”那些人对于生命的理解，对于世界的看法，对于周围熟悉和不熟悉的人的态度，都跟之前有着很大变化。

那么转世呢？面对死亡之后，回神过来的“大难不死”。老先生 85 岁去世，去世前只能靠轮椅移动，呼吸吃力，视力模糊，立下了遗嘱后去世。忽地一睁眼，自己 3 岁了。眼神清澈，可以活蹦乱跳。试想一下，他是 3 岁还是 88 岁，这会是一种什么精神状态？

如果在老先生去世的时候，已然患上了阿尔茨海默症（老年痴呆）将近 20 年，是否我们会得到一个 3 岁的孩子，却拥有阿尔茨海默症呢，还是说他转世的是他患病以前的状态？这未免太过牵强。

知道一些人，坚信着人有前世后世，有转世轮回。在他们那里转世甚至应该是普遍现象，是一种人人都在经历的事情，甚至是万物都在经历的事情。把人和动物都拉进来掺杂着，交叉着转来转去。

可若转世的灵魂都是崭新的，都是经过“回厂处理”的，他们不带着一点前世的记忆、前世的精神阅历，那转世与不转世就没有任何不同了，你记得你的前世吗？不记得的话，这个“前世”对你有什么意义呢，你的前

世知道你吗？不知道的话，你的后世对你又有什么意义呢？而且纵然如此，转世之说那么生硬强辩，又何必硬要说有转世呢。

更多的还是因为对死亡的恐惧吧。

作为一个人，还是应该活得坚强些。即使当初没有佛祖、上帝，没有轮回的存在，人们本也活得坚强。就像一场恋爱，彼此是对方的信仰，可缺了谁最终也都会活下去。

在结局，尘归尘，土归土。
尘土，也没什么不好，不要怕。

遇不见，也等不到的爱

很多年前丹尼遇到了一个女孩，只聊了几句与一切都无关的话。回过头去，丹尼觉得——她会是我的妻子。

这是他的一见钟情。之后丹尼用了几年时间，来让她对他日久生情。

丹尼开始用着所有能想到的“蠢”办法，他告诉周围的人他爱她，让所有人都知道他爱她。写情书，每天都写，也会忽然出现在她经常出现的街角，经常出现的小店。打电话发短信到手机发烫，找一切机会卖弄着自己的情怀。

后来，丹尼吻了她。可丹尼知道那女孩不爱丹尼。他们吻得很热烈，可丹尼知道她不爱他。因为她跟丹尼不一样，这似乎只是对丹尼这些卖弄的礼貌性回馈。

丹尼总想知道自己在她心中有多大的分量，占了多大的空间。现在想想这有多好笑。他不止拿出自己的情怀，还拿出更多的笑，更多的眼泪，心中的声嘶力竭，表面的温柔款款，拿出自己的灵魂。丹尼跟她说：“我爱你，会永远爱你，我们会永远在一起，会很好。”

她不相信的，谁会相信呢。她说今天很好，明天谁知道呢，我可以相信一个星期后我们还会很好，一个月后也是，可半年之后呢，一年之后呢。谁知道呢。

周围有些声音，告诉她，也告诉丹尼。这不是爱，这不会有结果。过一阵子就淡了，淡了就散了。你懂什么是爱吗？见过吗？没有的话，你凭什么向个女人许诺，凭什么向自己许诺呢。

试想一下吧，这是一种什么样的勇气和信心。你要毅然决然地孤注一掷，在这一次选择上放置一切，你不但要知道自己可以爱她一生，还要坚信她也会爱你一生，你凭什么坚信呢，即使你有勇气，又哪里来的信心呢。

你见过爱吗？

“如果你们都在等到‘爱’出现才去爱，那你们去等吧，永远也等不到的。而且如果你们没见过，又凭什么来指点我呢，你们这样说只是懦弱害怕吧。”丹尼这样想。

“我没有脆弱到需要‘爱’来见证我对这女人的感情，就如同我信仰上帝，可没有上帝我们也还是活着一样。这活着，就是对上帝的见证。而我的感情，即将是对这‘爱’的见证。”

丹尼为她付出一切了，而在丹尼爱她时，她给了丹尼一个空间，让丹尼这样做。

为了这份感情。这已经成为一种习惯，一种丹尼的生活方式。丹尼还会笑，但他不会哭了，因为他知道，爱她，就还有太多比哭重要的事情。心中不再声嘶力竭，而是揣住了温柔，因为这样，才能对这感情有更多的感受。依旧还是拿出自己的灵魂。

“如果这是爱，我就把灵魂献给爱；是魔鬼，我就把灵魂卖给魔鬼；是深渊，我就把灵魂掷向深渊；是天堂，我就把它抛上天堂。我不在乎。”

问我为什么。

尼采曾说，信仰，就是不再追求真相。爱，何曾不是一种信仰。

有一天，她告诉丹尼她爱上了丹尼。

丹尼把她抱在怀里，连同自己的信仰。

就是这样，勇敢，坚定，从不怀疑。

丹尼成全着自己。

这感情，也对得起“爱”的诠释。

“爱”，你们见到了吗，等到了吗？

见不到，也等不到的。

爱是由人创造的，而不是为人创造的。

信　鸽

二叔养信鸽。

灰色的，黑色的，白色的，暗红色的。

飞在天上都一个样子。但二叔说每一只他都认得出。阳台上有面小红旗，空中响着鸽子哨。

打理鸽舍，在阳台上。鸽子飞出去了，二叔把里面扫一扫，我跟着凑凑热闹。玉米粒颗颗饱满，装在袋子里，再放到鸽子的食槽里。旁边还有设计巧妙的饮水器，比我们家里的饮水机出现得早。

每个周末还会去逛鸽市，会会鸽友，都带着自己的信鸽，看看品相，聊聊血统，热热闹闹，有滋有味。

二叔养信鸽有兴趣，那时候很多家都养，二叔养出了名气。鸽子参加比赛，拿到名次，还有酒店开张，楼房奠基仪式等活动都来借鸽子。放出去，飞，再回来。二叔在阳台上点名查号，晚归的是哪一只，清清楚楚。

如果到了时间还没回来，二叔就上火，盘算着信鸽的去向，嘴角起泡。

我只见过信鸽。

我以为这种动物就叫信鸽。

鸽子是信鸽的小名。

从一个时间起，信鸽都没有了。二叔家搬进了高层楼房，房子大了，但阳台上不让养信鸽了。二叔的鸽子都送了人，后果不堪设想。那一年，弟弟读大学去了南方，我也到了加拿大。

在多伦多市中心的街角，公园里，有很多鸽子。他们有时围在路人的旁边，等着捡些残渣剩饭；有时就待在那里，你走过去它也不让路。

我把这些鸽子的事情告诉二叔。二叔说这些是鸽子，不是信鸽。它们不同，这世界上更多的是鸽子，只有少数是信鸽。鸽子要训练成信鸽是需要时间，需要成本的。

要给他们配对，再让配偶中的一只孵蛋，另一只飞出去，飞出去的才愿意回来，还不能喂得太饱。就算这样，它回来也是懒悠悠的不守时。有时回来了，站在不远不近的树梢上，站在屋檐上，也不见得会回到鸽舍里来。

现在每当打电话给二叔的时候，二叔会跟我提起他养的鸟，养的金鱼，养的花。但是口吻中不再听到有聊信鸽时的那种情绪。

二叔说他还是喜欢信鸽，信鸽知道回家。它会飞出去，飞出去的时候开心，该回家的时候回家，回家也开心。

很久没见过二叔了，我在多伦多成了家，弟弟在另外一个城市当老师。

楼高了，世界大了。信鸽，这些回家的鸽子越来越少，慢慢没有了。

在街角，在公园里。更多地看到了这些真正的鸽子。

他们习惯着自己的环境，找到自己的方式。落到哪里，哪里就是家。

二叔问我，春节回不回家，我说，孩子还小，怕折腾，就先不回去了，今年就在加拿大过年。我问二叔，弟弟回去吗？二叔说弟弟过春节的时候放假，回家。

三　儿

大女儿出生的时候，我是不懂的。

护士把她放在我的怀里，我很小心地抱着，看了，之后抱去称体重，做记录。

再就把她放在了老婆的怀里。

记得在女儿出生前我写过一篇日记，

大概内容是觉得一切都准备好了，包括心情。

还记得在那段时间里，觉得自己很需要人生导师。

然后大女儿就是这样到来了。一个稳妥的周末下午。

老二，儿子。

有朋友跟我说，一看你就是重女轻男，就是喜欢女儿，你看你就在女儿出生前给女儿写东西，都不给儿子写。我笑了。儿子根本就没给我这个机会。

还在计划着短程旅游，计划着第二天一早的教会活动，计划着一天的工作日程。 夜里突降大雪，凌晨，非常实在的凌晨……

妻子在车里还在安慰我不要紧张。我知道我当时很冷静，握着方向盘，没怎么说话。 之后到了医院，护士把器械连接到老婆身上，我看到的依旧是两个心跳。孩

子很快就出生了。医生说，就是孩子会小一点，不用担心。我问可是这早了很多，医生回答，那就再小一点，放心。

老婆在住院房间休息下了。孩子在重症监护病房的保温箱里。我开车回去，接来了岳母。再回来的时候，我发现自己连产院门都找不到了。之前经过的一切都变得白茫茫一片。从卫生间到雪地，到产房，到医生护士服，到老婆的脸色。

老三。

女儿总跟妈妈商量家里可不可以有个小宝宝。一遍遍地说着，要怎么给小宝宝换尿布，去问老师如何从孩子的哭声判断孩子是困还是饿。经常教育我说："爸爸，你经常觉得我和威廉是在试探你的耐心，那是因为你没有耐心。如果有了另一个小孩子，我会给他穿袜子，换尿布。小孩子是不懂的，但我们可以教他。我有耐心。"告诉我说："你爱妈妈那就应该有宝宝。"我说："我有你和弟弟呀。”女儿说：“我们不是宝宝了。我们大了，有越来越多自己的世界了，做个好爸爸。”当天她妈妈跟我讲，睡前故事后妈妈告诉女儿“做个好女儿”，女儿也说了句“做个好妈妈”。

至于儿子，儿子说“小猫小狗都很好，小孩我不是太能接受。我不会让他用我的婴儿床的。”老婆劝他说：“嘿，你自己睡大床了，你用不到婴儿床了，记得分享。”儿子说：“No。”

预估老三是处女座，距离预产期还有不到半年。属性点选了勇敢、魅力、责任心，附加属性强壮。这个是奶奶强调的。

男孩女孩？朋友家人都问我想要男孩女孩，其实说实话，这次我不太想知道。

但是孩子呀，无论男女，咱别像你姐那样，从生下来开始就天天指导你爹的人生路。大了点说话句句跟人生格言似的行不？心累。

也别像你哥似的，一个紧箍咒降一只孙悟空，再来一个老子吃不消。我这么温柔的人，被他练得磨磨叨叨急头白脸的。

这几个月你的表现很好了，妈妈明显没有怀哥哥姐姐时候的难受。希望咱能一直保持愉快。

哦，再嘱咐一句，你看看你那到站日期，别太随心了。

给我来一把心理准备充分、完全体会爸爸迎接新生儿感觉的机会。稳当幸福明白的。我们都爱你。

读书之于我

这篇里提到的书，基本不包括说明书、教科书、专业技能书和漫画书。

很小的时候，对“书”的印象，基本是书柜里摆着，家家都有的《三国演义》《红楼梦》……再就是厕所里的《文摘旬刊》。实实在在拿起一本来看已经是十几岁的年纪了，读的《花季·雨季》。想不起来为什么读，记得是讲年轻人谈恋爱之类的故事。有个角色跟我同姓，跟我同桌同名，所以就看了。

家里没什么读书氛围，爷爷是工程师，到处是图纸图表、水利规划之类。父亲大人继承爷爷衣钵，母亲这边则是《工用民用建筑》《现代化物业管理》等。对我来说这些无聊透了。书柜里我拿得起来的就是一套黑红皮包装的《十万个为什么》。出国后跟朋友们一聊，原来这书在20世纪90年代几乎是人手一套的。当时看着也觉得跟《文摘旬刊》一样的，看着还好，不看不想，看过后忘或没忘都一样，也有几本放在厕所了。对于《三国演义》，那时候我老叔时不时地跟我讲上几句，关羽斩华雄，赵云救阿斗，可说得我兴起时他就不继续讲了，说下回分解。长大后明白了，他那也是才刚在广播评书里听来的，也不是来自那本书里。广播里讲到这，告诉他的就是“下回分解”，我也就被“分解”了。

初中才把三国读完，这是亏了有几位同学总在聊这书里的人物。很多游戏也依托在这段历史故事上，所以赶紧翻翻看看，一看好多情节是熟悉的。当初被下回分解了的这次爽了，自己直接看下一回，很快就津津有味地读完了。

要说自己真的好好读了，而且有精神交流能算看书的书，我把《三国演义》看作我的第一本，之后靠它自嗨了许多年，直到现在还受用。可这读书对我来说，我是输在“人生起跑线”上的，启动太晚也太慢。

后来有件事情，让我有了点改变。有一阵子流行起了刘墉，萤窗小语系列的书。现在看来那是心灵鸡汤的鼻祖。那时候看了一些，就开始照着那个感觉模仿着写东西。比如什么“蜘蛛结网不一定捕得到昆虫，不结网就一定捕不到昆虫”之类的“水”话，之后塞在作文里，竟然很好用。老师说好，还有读给大家的机会。马上功利主义就来了，各种诗集、名句、外国文学、名段赏析，连抄带背，好用得不得了，作文分数高，情书效果好，而且聊天的时候特别用得上。再后来，对于这类文字或小知识点，无论喜欢不喜欢，都有了记忆的习惯。现在想起，就是耍小聪明。到那时候更有点排斥坐在那里，抱着本书的“呆子”了，觉得他们看了也白看，什

么都说不出，什么都写不出，看来书没什么用，我这些“好用”，不是因为书，只是因为我会用，呆看书的都是笨蛋。

高中遇到了一个人，这位我一开始听到的是名声。正在踢球，忽然跑来个哥们，告诉我说几个人跟一个女生聊天，全被灭了，那女生太能聊了，还啥都知道。一定要让我出马才能搞定，我这一听，跟女生聊天？马上就杀了过去，心里翻腾了好几句情诗和励志句。见面是在食堂，一进去我那朋友几乎是吼着跟我说“就是她！就是她！”我看到一位头发乌黑、大大方方的女同学，坐在餐桌边，吃着食物，手里拿着一本《时间简史》，我看着一懵：这什么玩意，套路不对呀。女同学看了我一眼：“哦，你就是某某某？听说你看书，知道得多，我正要去老师那里借一本《君主论》，要不一起研究下？”我当时是编了个借口就逃掉了。哪有这种事，这书名一听就跟我爷爷那水利规划一样。书是瞧不起，这气可不能受，面子得拿回来。晚上，约！后操场聊聊。

我："同学，你好。"她："你好，你好像晚饭都没吃。"我："……你最近除了《时间简史》，有喜欢读别的什么书吗？"她："我爱看三毛的书"。我一听，可让我逮着了，三毛咱背过呀！我："我也喜欢的，如果有来生，要做一棵树，站成永恒。没有悲欢的姿势……"背得特顺。背完后她回应："嗯。"她平静得让我都觉得残忍。她："她把那颗心与荷西一起埋葬了，前后文笔情绪变化很大了。"我想，谁是荷西？那一瞬觉得自己蠢极了。之后几个星期，狂读三毛，终于差不多了，觉得可以聊了，又约见面。这次人家不聊三毛了，我去的时候正看见她在那乱涂乱画呢，墙上留了一首小诗，她说是徐志摩，好吧。这星期就背徐志摩了，终于熟练了，再约。人家这次带着那《君主论》来了。这轮转，从那时，正式开启。

出国后，大学，毕业季。人生节点，想找人问问人生路，又不知从何下手。这时候，那位女同学的声音适时出现。“听说佛经可有内容了，对人有启迪，我没心境看，你看书快，还能记住，看看讲给我听吧。”这句话像紧箍咒一样，佛经十三部精装走起。要说我是怎么看进去的，反正我看什么都是死记硬背，没差别。

佛门深似海……

真不是开玩笑的，看不懂又要背实在太难了，所以找了好多参考资料和视频，配合着经书，一遍遍地看。我的目的是要用明白的话讲得出，而且要随时讲随时有。

读书在这个阶段开始喜欢对比着读了。既然读了佛经，是宗教，那是非因果要说得工整，就不能独门，否则“闭关锁国”了。《圣经》《可兰经》在这个时候都进了我的阅读范围。读，记，讲，而且这时听众也渐渐多了起来。这讲不出体统，怕误了别人；讲出体统也怕误了别人，怎么办？女同学又出现。“宗教与哲学，不知道对于佛教，罗素怎么看。”在这个时候我已经培养出自觉性了，不需多言。在去古巴海边度假的时间里，读了西方哲学简史之后干脆把东方哲学史也读了。继宗教、哲学之后呢？文学史，美学史。再之后，各种小说，名著，开始回头无岸了。

一路过去，当有人再跟我提到有什么好书，有什么想读，但还没读，或者懒得读的书，我就读一下。对我来说，这些书已经很好分类，很好规划了，而且都不用读很久。有一种精神，我不赞同，但是受用。有时候你去努力认真地做一件事，就是因为你不喜欢它，可是不能认输，输了就会一直输下去。可我要读下去的原因可能还远没这个壮烈。

原因一，有人想听，我就读，之后讲给大家听。

原因二，女同学已经成为我的妻子，她在，在问，在聊，我就会一直读下去。

我还是不爱读书的，可是读书事大，爱不爱读事小。

小时候被告诉，书中自有黄金屋和颜如玉。这种为了钱和女人的观点让我很厌烦。自己读书了，知道这是被断章取义了，读不读书都不是为了女人和钱，后面还有半句讲的是浩然正气。不知为什么很少听人讲起，可能都被下回分解了吧。

其实人类可以有如此快速的发展，很大程度上要归功于书本的。有了书本，文化、思想、经验才得以传承以达后世。动物是没有书本的，无法传承也就无法进步了。

一句老话，开卷有益。

做个好人

你说你希望世界和平，你到底是期待和平还是怕死？

你说你要赚钱，你到底是向往财富运作还是怕穷？

你说你追求爱，你到底是想找人疼你，还是准备好了为一个家庭一种生活付出责任？

你说你要创办一个社团，到底是为了显摆自己，还是集体创造一个交流进步的平台？

想清楚了再说，

想不清楚就小点声。

空难，嚷着找飞机，起哄骂政府。显出你什么了呢？真的为遇难者做什么了呢？

说恐怖组织，骂恐怖袭击。为了那些遭受了不幸的家庭和个人做什么了呢？骂，就显出了你的人品人性吗？

有人担心 25000 人里面会混进几个恐怖分子。可是你只看到一些媒体对恐怖袭击的报道，看不到那些战火中的“他们”是怎么报道叙利亚被美国、俄罗斯、欧盟空袭的时候，在他们口中谁是恐怖的？他们也有妈妈正在怀孕，爸爸辛苦维持生计，老人家身体不好却得不到救治，孩子没有书读，没有玩具。如今他们终于有机会可以离开那个地方，你却说 25000 人中可能有坏人，所以都不能来吗？还是说哪怕这些人中只有几个是真的需要救助的人，我们也应该让他们得到救助呢？将心比心，你移民晚批下来几个月，父母签证下不来的时候着急吗？可现在这些难民是为了求生，这值得鄙视吗？这很可耻吗？起哄的时候跟着我喊，这显不出你的正义。真的需要你付出的时候，请不要后退。

我知道我们相对于他们的优越感，全都来自于那些价值观的强加，国力的强大，和那些根本是生命之外，虚无的杂七杂八。回到生命本身，我们都是一起在几千万上亿年的时光中，以人类为名一起走来的。我们该平起平坐，不该因为怕一个穷孩子把自己房间弄脏，而把他关在门外，忍受着残忍的寒冬。

做个好人，别害怕。

后记：2015 年 叙利亚局势混乱。多数国家以人道精神接纳叙利亚难民。可是对于难民带来的安全、福利等问题在各地都引起了不同程度的恐慌。支持派与反对派的声音此消彼长。在这个大环境下写了一点点随记，表达一种声音吧。

慈爱，不挑剔

《十日谈》里有这样一篇故事。

有一个极虚伪的人，做假证，骗钱，放高利贷，勒索，纵欲。

有一次去另一个城市收账，途中得了重病，要死掉了。想到自己的尸体会无处安放，没有教堂会收留，所以干脆又撒了个谎，决定骗一骗牧师，便托人找来了城里最好的牧师。

他在牧师面前忏悔。

作为一位职业骗子，他把自己的“教徒”生涯说得完美极了。每星期忏悔，斋戒，施舍，以及真诚和处子之身。牧师被深深感动。

死后，被安放到了牧师的教会。葬礼上牧师对他的事迹做了大肆宣扬，把他告诉牧师的故事做了传播，所有人都相信他是上帝奇迹的见证，是圣徒。

所有人都向他的尸体行礼，献花，亲吻他的脚背，向他祷告，坚信他的灵验。坚信他是与上帝交流的媒介。

可他，本是上帝的仇人。
那这些祷告，上帝会听吗？
上帝爱每一个人，在听。这就是上帝的慈爱。

爱不是信命，是方法

爱情，恋爱，婚姻，是三件事。结婚是结婚，跟另外两个都无关。无爱婚姻很普遍，有爱的是运气好。有婚姻又有爱又会谈恋爱的少之又少。

婚姻关系是社会最小的单位，所以重要的是对双方的保障，需要那“一纸文书”。爱是本性，恋爱是方法，婚姻是生活方式。三位一体是大学问。一定要所有人都有这样的大学问有点强人所难了。所以有就感恩，就经营。没有也没什么可抱怨的，活得简单点，别想那么多。哪有那么多的一生一世两情相悦。

没有天生一对，没有什么命中注定的那个他。不然怎么会有人口比例失调？有期望可以，但别当真。所谓的一见钟情，脸红心跳，那是“一见钟性”。不要只是信命，而是要有方法。只信命会倒霉的。

圣　诞

一个生活在公元4世纪的老头，骑着驯鹿，小时候我以为他只是划过天空，钻进我的烟囱。我试着不要睡去，却从来没有真的看见他。

现在长大了，我知道，它划过的不只是我的天空。他已经一路跑来，经过了一千多

年。那么多孩子的期盼，血蕊诗(Cherish)、威廉(William)都会受到他的眷爱，他也即将跑进里奥（Leo）的世界。在他们睡熟后，我会把礼物悄悄地放进他们准备好的袜子里，像我小时候爸爸妈妈做的那样。这份温暖和爱的传承，我想就是圣诞节对我，也是对很多人的真正意义吧。

写于 2015 年圣诞节。

人　性?

人有人性。听说鸟有鸟性，狗也有狗性，猪有猪性，花有花性，草有草性。

可是却没听见过有哪只鸟没有鸟性，狗没有狗性的。偏偏还就是听说过有些人没人性，而且当我们说一个人有点人性的时候，好像在夸他一样。

鸟性？它就只管飞，管吃，管逃跑，管生存。

狗性？画地盘撒尿，管吃饭不知饱饿，管睡觉的时候也小心地用耳朵听着。

猪性？吃，吃的时候还护食；睡，睡的时候还打呼。

花就只管开，草就只管长。

不在车盖子上拉屎，不是鸟性。

不在邻居的草地上尿尿，也不是狗性。

变成排骨，也不是猪性。

花开得不漂亮，草长得不整齐，是不是它们就没有花性草性了？

人性？同情，感恩，孝顺，礼貌，责任心，求知欲，拾金不昧，舍己为人，大义凛然，大义灭亲吗？

人性真没人性。

第三篇

Chapter Ⅲ

语

绚季只在花开花落之间
人生只在一呼一吸之间
感悟只在念寂念起之间
情爱
就是念寂念起之间的一呼一吸
花开花落

跟你爱的人生个孩子，一半是你，一半是她，两个人就这样交融在一起了，是一种很奇妙的感觉，也是永不分离的唯一办法。我们曾许诺，永远在一起。生命再久，也不过百年，我们不想食言，不要辜负了这个永远。

人生中很重要的一课是懂得抱歉，对每一个人、每一件事物都不要从一开始就否定，而是用一种带有歉意的态度。对世界，对父母，对朋友，对一时的不顺利，对一时的顺利，都该抱有歉意的态度，人生会大不同，会容易很多。试着去喜欢一个人，并对此表示歉意。

你说你希望世界和平，你到底是期待和平还是怕死？

你说你要赚钱，你到底是向往财富运作还是怕穷？

你说你追求爱，你到底是想找人疼你还是准备好了为一个家庭一种生活付出责任？

你说你要创办一个社团，到底是为了显摆自己还是集体创造一个交流进步的平台？

想清楚了再说。想不清楚就小点声。

被爱情毁掉的人多了：他们还没见到爱情就被爱情毁掉了。要想拥有什么，你必先拥有比他更强大的力量，否则你会被它侵蚀，直至毁灭。

花开过几朵就落过几朵，云聚过几层就散过几层，凡事有始就有终。

哲学和科学都是一种乡愁，我们说不太清楚自己从哪里来，也就只有着乡愁。

宗教出现了，他给了我们一份寄信归乡的地址，却也从未收到过回信。

梅花的味道是很淡的。在没有蜂蝶的季节，香味也就不那么重要了。犯不上去招惹什么东西的时候，大抵如此。

这首歌并不知道你为他哭了。

婚姻是爱情的整容院。有整容成功的，也有失败的。整容成功了的那些，看起来如出一辙。失败的，却各有了各的残缺。

既然知道到头来都是殊途同归，见面时就问声你好，分别时就道声珍重吧。

拥有爱情本来就不是人生的常态，没关系的，哪来那么多的一生一世。

它从时间中生出，它在时间中消逝，时间必须吞食他自己的孩子。

不用埋怨，不用。时间是公正的，什么都留不下。

一切的最终目的，都是让生活能继续下去。在这里我们一再妥协。

而且对于这种妥协的回报，我们还要倍感珍惜。因为本可以更糟。

无论是否真的有爱，我都将把生活这样继续下去。就如同无论是否有上帝，人都该坚强地活着。生活不需要爱的见证，是这样的生活，见证了爱。

如同正是人的坚强，才见证了上帝的存在。

“白头到老”不是一个形容爱情的词。它比爱情更具生命力，并且吞噬了爱情本身。

亲吻的时候，应该按一个钢琴键。

活着就是为了活着。死，是为了给其他活着的让地方。所谓生生不息之道，鱼贯而入殊途同归。

希望习惯了的这些，就不要改变。改变了的那些，会慢慢习惯。

一阵风吹过，有些花落了。落了有落的缘分，没落的有没落的缘分。

无爱无伤，不是铁石心肠。我把不受伤害的权利留给你，把我的那一份，也一并给你。

太多次的分开，并不是因为死亡。所谓的付出一切，似乎也不包括戒烟。

不三不四的爱与死不相干。

最是有情最无情，对别人特别有情就会无情地杀死了自己。杀死了自己，你将一无所有。所谓“物极必殇，情深不寿。”

性习惯就是这个人的性格，是这个人做事的习惯的缩影。无例外。

如果你向往爱情，觉得爱情是至高无上的，纯粹的。那能否接受“我爱你，与性别无关”？

只有因、缘，没有如果。

不拿你的钱就不用听你的话——工业革命，封建制结束。

似乎我在梦里遇到了你的梦，它落下时发出了两个声音。

我若不是疼你爱你宠你，又怎么可以得到你对我的爱对我的温柔。怎么会在你那一个笑脸里，就看到自己生命的意义。你的爱要了我的命……这是我的斯德哥尔摩。

有时会很想重新认识你，一次又一次。天气很好，不太好，也很好。

叶子落了一地，夏天就这么碎了。踩在上面发出的声音，让人有点心疼。

心疼我的多愁善感，它的无动于衷。

当你还想着报仇，那很可能是你的实力不如对方。等你真的强大了，往往想的就是要不要原谅他了。

时间过得快，快到对过往没什么可说的。

爱情中没有婚姻的位置。

自我价值就是你对这个世界的角度和这个世界对你的角度：你对自己的角度，是你在哪里，用什么角度，让自己与这个世界彼此参照，这个位置，就是自己的生命力量的光源，是每个作为自我的价值。

仇恨是懦弱的人给自己的惩罚。

灵感是一种激情，或者说灵感来自于激情。

幸福与幸福感是不同的，幸福感是可以骗人的，幸福比较实在。

组成人的一切器官和皮肤都是痛苦的源头，是原罪。

有人问我“那生命还有什么意义？”我要反问，你所说的“意义”指的是什么？

可能你所谓的意义，确实不同于生命本身的意义，才会如此茫然吧。

如果真的有一个什么东西，被称之为“爱”的话，那我想我是有的。

看看书店里面都是什么书？养生，厚黑学，励志书。书店的品位，说明了一种人的性格，他们怕死，怕穷，怕被瞧不起。

这盆沸腾水煮鱼前世造了什么孽，上刀山下油锅。

不要在参悟人生时错过了人生。

那些欢笑和眼泪从现在看来却是可有可无的……

教育的目的是让人敢于冒险，敢于大胆思考。不知道什么时候开始，一说到教育就有人批评教育制度，就有人说到那些自己喜欢的和不喜欢的老师。教育是你自己的事情，没有筷子还不吃饭了？

有些时候，说一生一世是认真的。

玩物丧志是其志小。志大，玩物养志。

有时候，就是想听到一些好听的话，让自己知道，一切还好。

香水的反义词？是屁吧。

你觉得你缺钱，这世界上最不缺的就是钱。你觉得你缺年轻，这世界上最不缺的就是年轻。你觉得你惨，这世界最最最不缺的就是惨……

对于大多数女人，爱的意思，就是被爱。

这社会上太多的事情，说到底都只是在问你如何把自己现在的生活继续下去，然后在一边拿着下一道难题等着你的答案。

能不能好好在一起是两个人的事，要分开就是一个人的事。

可是有些东西，当你没有时，它表现出的价值，往往有些伤人。

她喜欢吃你做的菜，所以，娶她。

她不敢再去谈爱情，不敢再去谈婚姻。在她眼中，一切都是虚伪的，自私的。我们终将进入了我们曾经唾弃的生活，不再敢去面对。失去了那份勇敢的真诚，再回过头去，已想不起，把它丢在哪里了。

有些人很奇怪。他们鄙视贫穷，又仇视富裕。

我为了你，把这个星期该看的书看完了。这是我确定对你有益的事情。

——给未来的自己

世上烦恼如庭院秋叶，不扫不净。可扫是扫不净的，久行之后，添了些耐心而已。

当你进退两难的时候如何做出决定？抛硬币吧，当你抛完了以后又想再抛一次的时候，你就已经知道答案了。

当你随意地翻开些书，看过那几百个故事，会知道原来世上的受苦人，早就有这么多！

有一百个人，其中五个过得特别好，八十五个过得不怎么好，另外十个人写书告诉这八十五个人，那五个人为什么过得特别好。

“他的智慧告诉我们为着夜间的安睡，必须有昼间的清醒。真的，如果生命原无意义，而我不得不选择一个谬论时，那么，我觉得这是一个最值得选择的谬论了。现在我知道从前人们找寻道德的教师时，人们所追求的是什么了。人们所追求的，是安睡与麻醉性的道德。”这是我最叹服的对于宗教与哲学的解释。

图书在版编目（CIP）数据

孤儿阿杰诗文集 / 谢科佳著 . -- 长春 : 吉林出版集团股份有限公司 , 2016.6
ISBN 978-7-5534-4267-9

Ⅰ . ①孤… Ⅱ . ①谢… Ⅲ . ①诗集 - 中国 - 当代②杂文集 - 中国 - 当代 Ⅳ . ① I217.2

中国版本图书馆 CIP 数据核字 (2016) 第 137125 号

孤儿阿杰诗文集
GUER AJIE SHIWENJI

著　　者：谢科佳
责任编辑：宫志伟
装帧设计：句号猫·工作室 QQ：592280977
出　　版：吉林出版集团股份有限公司
发　　行：吉林出版集团社科图书有限公司
电　　话：0431-86012746
印　　刷：长春新华印刷集团有限公司
开　　本：880mm × 1230mm 1/32
字　　数：140千字
印　　张：3.75
版　　次：2016年6月第1版
印　　次：2016年6月第1次印刷
书　　号：ISBN 978-7-5534-4267-9
定　　价：32.00元